Bibliografische Information der Deutschen Nationalbibliothek:

Die Deutsche Bibliothek verzeichnet diese Publikation in der Deutschen National-bibliografie; detaillierte bibliografische Daten sind im Internet über http://dnb.d-nb.de/ abrufbar.

Dieses Werk sowie alle darin enthaltenen einzelnen Beiträge und Abbildungen sind urheberrechtlich geschützt. Jede Verwertung, die nicht ausdrücklich vom Urheberrechtsschutz zugelassen ist, bedarf der vorherigen Zustimmung des Verlages. Das gilt insbesondere für Vervielfältigungen, Bearbeitungen, Übersetzungen, Mikroverfilmungen, Auswertungen durch Datenbanken und für die Einspeicherung und Verarbeitung in elektronische Systeme. Alle Rechte, auch die des auszugsweisen Nachdrucks, der fotomechanischen Wiedergabe (einschließlich Mikrokopie) sowie der Auswertung durch Datenbanken oder ähnliche Einrichtungen, vorbehalten.

Impressum:

Copyright © 2009 GRIN Verlag, Open Publishing GmbH
Druck und Bindung: Books on Demand GmbH, Norderstedt Germany
ISBN: 9783640492985

Dieses Buch bei GRIN:

http://www.grin.com/de/e-book/141201/assoziationsanalyse-eine-einfuehrung

Manfred Mann

Assoziationsanalyse - Eine Einführung

GRIN Verlag

GRIN - Your knowledge has value

Der GRIN Verlag publiziert seit 1998 wissenschaftliche Arbeiten von Studenten, Hochschullehrern und anderen Akademikern als eBook und gedrucktes Buch. Die Verlagswebsite www.grin.com ist die ideale Plattform zur Veröffentlichung von Hausarbeiten, Abschlussarbeiten, wissenschaftlichen Aufsätzen, Dissertationen und Fachbüchern.

Besuchen Sie uns im Internet:

http://www.grin.com/

http://www.facebook.com/grincom

http://www.twitter.com/grin_com

Seminararbeit: Assoziationsanalyse

Manfred Mann, BSc (WU)

Masterstudium Wirtschaftsinformatik (066 926)
SoSe 2009, LV 2165, E-Business Vertiefungskurs I
Datawarehousing und Datamining

Wien, 29. April 2009

Stichworte: Assoziationsanalyse, Data Mining, Apriori, Taxonomien, Sequenzanalyse, Warenkorbanalyse

Zusammenfassung: Diese Arbeit soll eine Einführung in das Themengebiet der *Assoziationsanalyse* bieten, bei der es darum geht, Regeln für das gemeinsame Auftreten von Elementen in einer Datenbasis zu finden. Neben einer allgemeinen Definition werden die wichtigsten Interessantheitsmaße zur Beurteilung von Assoziationsregeln sowie einige populäre Algorithmen zur Generierung derselben, vor allem AIS und Apriori, vorgestellt. Zahlreiche Beispiele zum praktischen Einsatz, insbesondere aus der Warenkorbanalyse, sollen diese Arbeit auch für einen Leser ohne umfangreiche Statistik- und Mathematikkenntnisse verständlich machen.

Anmerkung: Im Text sind bei Personen-, Berufs- und ähnlichen Bezeichnungen im Allgemeinen sowohl die männlichen als auch die weiblichen Bezeichnungen gemeint. Um die Lesbarkeit zu erleichtern wird der deutschen Rechtschreibung folgend die männliche Bezeichnung benutzt.

Inhaltsverzeichnis

Abbildungsverzeichnis

1 Einleitung

Aufgabe der *Assoziationsanalyse* ist es, Zusammenhänge und Abhängigkeiten in einer Datenbasis zu entdecken. [BaVo08] Anders formuliert, geht es darum, Korrelationen zwischen gemeinsam auftretenden Dingen zu beschreiben. [Boll96]

Etwas technischer gesprochen betrachten wir also eine Menge, welche aus *Items*, also Elementen besteht. Diese Menge wird mit I bezeichnet, die darin enthaltenen Elemente werden von i_1 bis i_n numeriert. Wir können also schreiben:

$I = \{i_1, ..., i_n\}$

Eine Interpretation dieser Menge könnte zB so aussehen, dass wir damit alle Artikel, die es in einem Supermarkt zu kaufen gibt, bezeichnen.

Weiters existiert eine sogenannte „Transaktionsmenge" T, die eine Teilmenge der Itemmenge I darstellt. Diese Transaktionsmenge könnte also zB als die Menge an Artikel interpretiert werden, die ein bestimmter Kunde im Supermarkt in seinen Warenkorb gelegt hat.

Nun kann man alle Transaktionsmengen aller Kunden zusammenfassen und damit die sogenannte „Datenbasis" D schaffen:

$D = \{T_1, ..., T_n\}$

Das Herz der Assoziationsanalyse stellen nun die sogenannten „Assoziationsregeln" dar, die man sich natürlichsprachlich wie folgt denken kann: „Enthält eine Transaktionsmenge den Artikel i_x, dann enthält sie auch den Artikel i_y." Der erste Teil einer solchen Regel wird dabei auch als „Regelrumpf" (oder auch Prämisse, engl. *antecedent*) bezeichnet, der zweite Teile als „Regelkopf" (oder auch Konklusion, engl. *consequent*). x und y müssen dabei nicht zwangsläufig einzelne Artikel sein, sondern man kann sich diese auch ganz allgemein als disjunkte Teilmengen von I vorstellen. Ziel der Assoziationsanalyse ist es nun, möglichst viele gute Assoziationsregeln zu finden, d.h. jene, die möglichst oft auftretende Korrelationen gut beschreiben. [BaVo08]

Klarerweise gibt es nun Transaktionsmengen, die eine bestimmte Assoziationsregel erfüllen, und Transaktionsmengen, die eine Assoziationsregel nicht erfüllen. Das nächste Kapitel wird einige Maße vorstellen, mit denen die Güte von Assoziationsregeln bewertet werden kann.

Vorher ist es aber wohl zweckmäßig. das Prinzip der Assoziationsregeln noch einmal an einem Beispiel zu verdeutlichen, wobei aus Gründen der Übersichtlichkeit das oben begonnene Supermarkt-Beispiel fortgeführt werden soll, entnommen aus [BaVo08]:

Wir formulieren eine einfache Assoziationsregel zunächst natürlichsprachlich: „Wenn ein Kunde Bier kauft, dann kauft er auch Chips." Richtig angeschrieben, sieht diese Regel dann so aus:

$Bier \rightarrow Chips = (Bier \cup Chips) \subset T$

Allgemein hat eine Assoziationsregel also die Form:

$X \rightarrow Y = (X \cup Y) \subset T$

2 Interessantheitsmaße

Im Folgenden werden nun einige der bekanntesten Maße zur Beurteilung der Aussagekraft von Assoziationsregeln vorgestellt. Dabei handelt es sich aber nur um eine Auswahl der wichtigsten, denn in der Literatur finden sich noch eine ganze Reihe weiterer Kennzahlen. Jede weist dabei eigene Vor- und Nachteile auf, sodass es nicht zweckmäßig wäre, eine bestimmte Kennzahl generell zu präferieren. Vielmehr bietet es sich an, die jeweils interessante Kennzahl basierend auf der aktuellen Fragestellung auszuwählen bzw. mehrere Maße zu verwenden, um bei der Interpretation der Ergebnisse nicht zu eingeschränkt zu agieren. Auch kann man sich aus mehreren Interessantheitsmaßen einen Mittelwert errechnen und anschließend mit diesem verschiedene Assoziationsregeln vergleichen. [DoLi97]

2.1 Support

Der *Support* eines Items oder einer Itemmenge X ist definiert als die relative Häufigkeit dieses Items bzw. dieser Itemmenge in der Datenbasis. Formal angeschrieben also:

$$sup(X) = \frac{|\{T \in D : X \subset T\}|}{|D|}$$

Der *Support* einer Assoziationsregel $X \rightarrow Y$ ist definiert als Anteil aller Transaktionen, die die Regel erfüllen, formal: [BaVo08]

$$sup(X \rightarrow Y) = \frac{|\{T \in D : (X \cup Y) \subset T\}|}{|D|}$$

Dazu wieder ein paar Beispiele, entnommen aus [BaVo08]:
In einem Supermarkt werden, kumuliert über alle Transaktionsmengen T, insgesamt 200.000 Packungen Chips und 50.000 Flaschen Bier gekauft. In 20.000 Transaktionen kommen sowohl Chips als auch Bier vor. Insgesamt fallen 1.000.000 Transaktionen an. Verwenden wir die oben angeführten Definitionen, so errechnen wir:

- für die Chips einen Support von 20% (d.h. in 20% aller Transaktionen werden

Chips gekauft)

- für das Bier einen Support von 5%

- für eine Assoziationsregel mit dem Inhalt „Werden Chips gekauft, dann wird auch Bier gekauft" einen Support von 2%.

2.2 Confidence

Der Support ist also ein hilfreiches Maß, um festzustellen, ob eine Assoziationsregel überhaupt Sinn macht, d.h. ob eine gewisse Kombination von Items in der Praxis überhaupt von Bedeutung ist.

Wir möchten nun wissen, wie stark der Zusammenhang ist, den eine Assoziations-regel anzeigt, und dafür bietet sich die Kennzahl des *Confidence* an. Dabei wird im Prinzip der Support der Vereinigungsmenge zweier Items X und Y ins Verhältnis ge-setzt zum Support der Menge X selbst. Anders ausgedrückt ist Confidence also defi-niert als Anteil der Transaktionen, die sowohl X als auch Y beinhalten, an der Menge der Transaktionen, die X erfüllen. Formal angeschrieben, sieht die Definition also wie folgt aus: [BaVo08]

$$conf(X \to Y) = \frac{sup(X \to Y)}{sup(X)} = \frac{|\{T \in D: (X \cup Y) \subset T\}|}{|\{T \in D: X \subset T\}|}$$

Angemerkt sei noch, dass sowohl Support als auch Confidence Anteilswerte darstel-len und sich daher immer zwischen 0 und 1 bewegen. Formal:
$$sup(X \to Y), conf(X \to Y) \in [0; 1].$$

Um das Beispiel aus dem vorigen Subkapitel wieder aufzugreifen, wollen wir nun - ausgehend von den selben Zahlen - noch den Confidence-Wert berechnen:

Um den Confidence der Assoziationsregel „Werden Chips gekauft, dann wird auch Bier gekauft" zu errechnen, setzen wir also den Support der Assoziationsregel ins

Verhältnis zum Support der Chips selbst und kommen somit auf 2% dividiert durch 20%, d.h. 0,02 / 0,2. Das ergibt 0,1 oder 10%.

Nun interessiert uns noch der umgekehrte Fall, also die Regel „Wird Bier gekauft, dann werden auch Chips gekauft." Hier errechnen wir wieder den Support der Assoziationsregel, dividieren diesmal durch den Support des Biers und kommen im Ergebnis auf 40%. Wir werden später im Kapitel zu den Anwendungsbeispielen sehen, wie der Supermarkt diese Ergebnisse verwenden könnte, um das Ziel einer Umsatzsteigerung zu verfolgen.

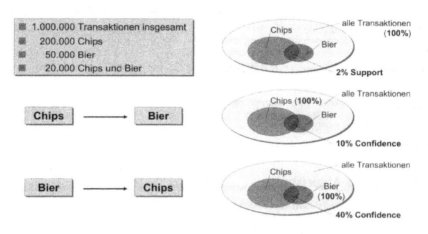

Abbildung 1: Berechnung von Support und Confidence,
entnommen aus [BaVo08], S. 263

2.3 Lift

Bei der Berechnung des Confidence-Werts kann es in bestimmten Fällen nur zur Wiedergabe von bereits bekannten oder trivialen Informationen kommen. Technisch gesprochen stellt der Confidence-Wert ja nichts anderes dar als die bedingte Wahrscheinlichkeit des Kaufs von Artikel Y, wenn Artikel X gekauft wird. Der Nachteil dabei ist allerdings, dass die Häufigkeit von Y somit nicht berücksichtigt wird. Das kann in Sonderfällen dazu führen, dass der Confidence-Wert einer Assoziationsregel $(X \rightarrow Y)$ letztlich der Häufigkeit von Y in der Datenbasis entspricht und somit die Assoziationsregel keine zusätzlichen Erkenntnisse mit sich bringt.

Dazu ein Beispiel, entnommen aus [BaVo08]: Wenn Joghurt und Schokolade beide jeweils in 80% aller Transaktionen enthalten sind, dann können wir in 0,8 * 0,8, also 64% aller Transaktionen einen gemeinsamen Kauf von beiden Produkten erwarten. Eine Assoziationsregel (Joghurt, Schokolade) hat dann einen Confidence-Wert von 0,64 / 0,8 = 0,8 und entspricht damit der Häufigkeit von Joghurt in der Datenbasis.

Eine daher notwendige zusätzliche Kennzahl ist die des *Lift* einer Assoziationsregel. Dieser ergibt sich wie folgt:

$$lift(X \rightarrow Y) = \frac{conf(X \rightarrow Y)}{sup(Y)} = \frac{sup(X \cup Y)}{sup(X) * sup(Y)}$$

Hierbei wird also der Confidence-Wert einer Assoziationsregel ins Verhältnis zur relativen Häufigkeit von Y in der Datenbasis gesetzt. Ein Lift von 1 würde damit bedeuten, dass die Assoziationsregel keine zusätzlichen Erkenntnisse beinhaltet. Ein Lift von zB 2 hingegen würde bedeuten, dass der Artikel Y in Transaktionen, in denen auch X gekauft wird, doppelt so oft vorkommt, wie in Transaktionen, in denen X nicht gekauft wird. Generell gesprochen deutet also ein Lift größer als 1 auf eine positive Korrelation hin, während ein Lift kleiner als 1 auf eine negative Korrelation hinweist. Anzumerken ist noch, dass der Lift einer Regel $(X \rightarrow Y)$ immer gleich dem der Regel $(Y \rightarrow X)$ ist. [HeHi03]

2.4 Gain-Funktion und Piatetsky-Shapiro-Funktion

Die Gain-Funktion ist dem Confidence recht ähnlich und wie folgt definiert [HeHi03]:

$$gain(X \to Y) = sup(X \to Y) - P * sup(X)$$

Der Parameter P kann zwischen 0 und 1 gewählt werden, der Wertebereich der Gain-Funktion liegt damit zwischen -P und 1-P. Über den Parameter können Effekte auf die optimalen Regeln beobachtet werden, denn ein gain von 0 besagt, dass in jeder P-ten Transaktion, in der X enthalten ist, auch Y enthalten ist. Werte über Null symbolisieren dann einen stärkeren Zusammenhang zwischen X und Y als durch P vorgegeben. Anders als bei der Confidence wird für die Gain-Funktion also eine Differenz anstatt eines Quotienten gebildet, wodurch verhindert werden soll, dass Regeln mit geringem Support trotzdem ein hohes Interessantheitsmaß erreichen.

Die *Funktion von Piatetsky und Shapiro*, kurz auch p-s Funktion, ist eine Sonderform der Gain-Funktion. Hierbei wird der Parameter P mit sup(Y) festgelegt. Ergibt also die p-s-Funktion einen Wert größer als 0, dann spiegelt die Assoziationsregel somit einen positiven Zusammenhang wider, der höher ist als der erwartete Support bei statistischer Unabhängigkeit. Analog stellen Werte kleiner als 0 einen negativen Zusammenhang dar. Wie für den Lift gilt auch für den p-s-Wert, dass p-s$(X \to Y)$ =p-s$(Y \to X)$. [HeHi03]

3 Algorithmen zur Assoziationsanalyse

Im vorigen Kapitel haben wir recht allgemein die verschiedenen Gütemaße für Assoziationsregeln diskutiert, ohne uns darüber Gedanken zu machen, wie wir zu diesen Regeln kommen. Gerade in einem Supermarkt mit zehntausend Artikeln oder mehr wäre es aber recht mühsam bis unmöglich, enumerativ alle denkbaren Artikelkombinationen auf ihre Support- und Confidence-Werte zu überprüfen. Auch ein intuitives Vorgehen, bei dem beispielsweise ein erfahrener oder sachkundiger Mitarbeiter „nach Gefühl" einige Assoziationsregeln definiert, scheint wenig hilfreich.

Gesucht ist daher eine Möglichkeit, wie man relativ rasch zu Assoziationsregeln kommt, die einerseits hohe Support- und Confidence-Werte aufweisen (d.h. die „gute" Assoziationsregeln sind) und andererseits gewährleistet ist, dass wirklich alle „guten" unter den denkbaren Assoziationsregeln gefunden sind, d.h. dass auszuschließen ist, dass noch weitere Regeln in der Datenbasis erkennbar wären, die man aber nicht gefunden hat.

Um diese Ziele zu erreichen, wurden im Laufe der Zeit verschiedene Algorithmen entwickelt. Wie schon im vorangehenden Kapitel zu den Interessantheitsmaßen kann auch hier nur eine recht überschaubare Auswahl der in der Literatur diskutierten Algorithmen behandelt werden. Diese Arbeit beschränkt sich daher auf die „klassischen" Algorithmen, die wahrlich zur Folklore der Assoziationsanalyse gezählt werden können und verweist bezüglich weiterer, fortgeschrittener Algorithmen auf die einschlägige Literatur - Übersichten und weitere Verweise finden sich beispielsweise in [Hipp00] und [Dunh00].

3.1 AIS

Der AIS-Algorithmus ist der älteste der populären Algorithmen zur Generierung von Assoziationsregeln in einer Datenbasis. Er geht auf die Autoren Rakesh Agrawal, Tomasz Imielinski und Arun Swami zurück, welche mit den Anfangsbuchstaben ihrer Nachnamen dem Algorithmus auch seinen Namen gegeben haben und diesen auf einer Konferenz im Jahre 1993 vorgestellt haben. [Agra93]

Für die Anwendung des AIS-Algorithmus ist zunächst ein sogenannter „Mindest-Support" zu definieren. Das ist jener Support-Wert, den ein einzelnen Element i aus T mindestens aufweisen muss. Beispielhaft könnten wir hier zB einen Wert von 0,5 festlegen[1]. Nun wird für jedes Element in der Datenbasis der Support-Wert berechnet. Anschließend werden alle Transaktion durchlaufen, d.h. jede in Frage kommende Assoziation in jeder Transaktion vermerkt und bei einer Wiederholung der selben Assoziation in einer anderen Transaktion ein Zähler erhöht. Anhand des Beispiels in Abbildung 2 soll die Funktionsweise des AIS-Algorithmus verdeutlicht werden:

Als Datenbasis sind vier Transaktionen vorhanden, die mit T_1 bis T_4 bezeichnet sind.

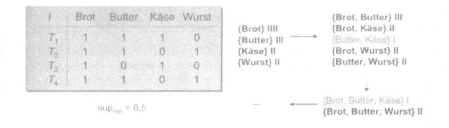

Abbildung 2: AIS-Algorithmus, entnommen aus [BaVo08], S. 265

Als Erstes wird also der Support für jeden der 4 Artikel einzeln berechnet. Wir kommen zu folgenden Ergebnissen:

- sup(Brot) = 4/4 = 1

- sup(Butter) = 3/4 = 0,75

---

[1]Wie oben bereits dargestellt, ist der Support ja ein Anteilswert und somit immer im Intervall [0;1].

- sup(Käse) = 2/4 = 0,5

- sup(Wurst) = 2/4 = 0,5

In der Abbildung sehen wir daneben auch eine einfache Strichliste, die uns anzeigt, wie oft jeder Artikel gekauft wurde. Nun wird in der ersten Transaktion mit der Generierung von möglichen Assoziationsregeln begonnen. Es bieten sich folgende Regeln an:

1. (Brot, Butter)

2. (Brot, Käse)

3. (Butter, Käse)

In der zweiten Transaktion kommen die Assoziationsregeln (Brot, Wurst) und (Butter, Wurst) hinzu, weiters wird der Zähler für die Assoziationsregel (Brot, Butter) um eins erhöht.

In der dritten Transaktion wird der Zähler für die Regel (Brot, Käse) um eins erhöht und in der letzten jene von (Brot, Butter), (Brot, Wurst) und (Butter, Wurst). Die zweite Strichliste in der Abbildung gibt nun die Häufigkeit der Regeln in absoluten Zahlen an.

Nun berechnen wir die Support-Werte dieser Assoziationsregeln gemäß der Definition in Abschnitt 2.1. Wir kommen zu folgenden Ergebnissen:

- sup(Brot, Butter) = 3/4 = 0,75

- sup(Brot, Käse) = 2/4 = 0,5

- sup(Butter, Käse) = 1/4 = 0,25

- sup(Brot, Wurst) = 2/4 = 0,5

- sup(Butter, Wurst) = 2/4 = 0,5

Die Zeile (Butter, Käse) ist in der Abbildung grau dargestellt, da ihr Support von 0,25 unter unserem geforderten Mindestsupport von 0,5 liegt. Zu beachten ist auch, dass beispielsweise die Assoziationsregel (Käse, Wurst) in diesem Algorithmus gar nicht vorkommt, was auch den Unterschied zu einer enumerativen Lösung, die einfach alle denkbaren Regeln durchprobieren würde, deutlich macht.

Somit haben wir also im Ergebnis vier zweielementige Assoziationsregeln in dieser einfachen Datenbasis gefunden. Das gleiche Prozedere können wir nun auch für dreielementige Regeln durchführen, wobei wir hier zwei Regeln erkennen: (Brot, Butter, Käse) in Transaktion T_1 sowie (Brot, Butter, Wurst) in den Transaktionen T_2 und T_4. Die erste dieser Regeln hat einen Support-Wert von 0,25 und fällt daher aus der weiteren Betrachtung. Übrig bleibt alleine die zweite Regel mit einem Support von 0,5.

Vierelementige Regeln lassen sich in der Datenbasis nicht erkennen.

3.2 A-priori

Der A-priori-Algorithmus wurde 1994 von Rakesh Agrawal und Ramakrishnan Srikant entwickelt und arbeitet im Prinzip ähnlich wie der AIS-Algorithmus, verwendet aber noch eine zusätzliche vorgeschaltete Operation, um häufige Assoziationen schneller finden zu können. Beispielsweise kann es nur dann (gute) dreielementige Assoziationsregeln geben, wenn alle zweielementigen Teilmengen dieser Assoziation häufig sind. [AgSr94a]

Der Apriori-Algorithmus läuft nun im Detail nach folgendem Schema ab: Generiere zunächst den Support aller einelementigen Items und finde dabei jene, die über dem vorgegebenen Mindest-Support liegen. Aus diesen häufigen Elementen werden dann die zweielementigen Assoziationsregeln generiert, von denen wiederum die Support-Werte berechnet werden. Aus den übrigbleibenden zweielementigen Regeln werden dann dreielementige Regeln generiert und wiederum der Support berechnet.

Dieses Vorgehen wird solange wiederholt, bis keine Regeln mehr gefunden werden können, die dem Mindest-Support genügen. Wir wollen das Ganze wieder anhand eines Beispiels betrachten, entnommen aus [BaVo08]:

In einem Supermarkt wurden 6 Transaktionen wie folgt beobachtet:

1. Kunde 1 kauft Wein, Spaghetti, Tomaten

2. Kunde 2 kauft Wein, Spaghetti, Basilikum

3. Kunde 3 kauft Wein, Käse

4. Kunde 4 kauft Wein, Spaghetti, Tomaten

5. Kunde 5 kauft Wein, Spaghetti, Tomaten, Basilikum

6. Kunde 6 kauft Käse

Wenn wir wieder einen Mindest-Support von 0,5 fordern, erhalten wir für Wein einen Support von 5/6, für Spaghetti von 4/6 und für Tomaten von 3/6, während Basilikum und Käse mit jeweils 2/6 einen zu niedrigen Support haben.

Aus den drei übriggebliebenen Elementen können wir drei zweielementige Regeln generieren, nämlich (Wein, Spaghetti), (Wein, Tomaten) und (Spaghetti, Tomaten). Diese weisen Support-Werte von 4/6, 3/6 und 3/6 auf. Es bleibt für die Bildung von dreielementigen Regeln also nur mehr eine Möglichkeit übrig, nämlich (Wein, Spaghetti, Tomaten), die einen Support von 3/6 aufweist und somit ebenfalls als „häufig" gilt. Analog zu einem Mindest-Support könnte man zB auch einen Mindest-Confidence-Wert oder einen Mindest-Lift fordern und somit weitere Regeln ausschließen.

3.3 AprioriTid und AprioriHybrid Algorithmus

Eine Weiterentwicklung des Apriori Algorithmus stellt der AprioriTid Algorithmus dar, der wiederum unter anderem von Rakesh Agrawal 1996 vorgestellt wurde. Ziel war eine Verkleinerung der zu untersuchenden Datenbasis und damit eine Performancesteigerung des Algorithmus. Dies wird dadurch erreicht, dass die ursprüngliche Datenbasis D nur im ersten Schritt zur Berechnung der Supportwerte der einzelnen Items benötigt wird und danach nur mehr mit einer modifizierten (kleineren) Datenbasis gearbeitet wird. [Agra96]

Der AprioriHybrid Algorithmus ist eine Kombination aus Apriori und AprioriTid Algorithmus. Er verwendet anfangs den Apriori-Algorithmus und wechselt im weiteren Verlauf der Generierung von Assoziationsregeln zum AprioriTid Algorithmus. Dies macht deshalb Sinn, weil die modifizierte Datenbasis des AprioriTid Algorithmus während der ersten Analyseschritte häufig größer wird als die ursprüngliche Datenbasis D. Durch den kombinierten Einsatz der beiden Verfahren kann somit eine insgesamt bessere Performance über den gesamten Analysezeitraum erreicht werden. Dabei ermitteln Heuristiken den optimalen Wechselzeitpunkt unter Berücksichtigung von Speicherplatzrestriktionen. [HeHi03]

3.4 Verfahren unter Berücksichtigung von Taxonomien

Unter *Taxonomien* werden Systeme, Klassen oder Ordnungen in den Items verstanden. So können zB die Artikel in einem Supermarkt in „Frischprodukte" und „Nicht-Frisch-Produkte" eingeteilt werden, die Frischprodukte wiederum in „Milchprodukte", „Obst" und „andere" und so weiter. Auch können mehrere Taxonomien nebeneinander bestehen, zB könnte zusätzlich zur Einteilung nach Warengruppen noch in „Sonderangebote" und „Nicht-Sonderangebote" unterschieden werden. [HeHi03]

Der Sinn solcher Taxonomien besteht darin, dass man nun Assoziationsregeln auf jeder Taxonomie-Ebene bilden kann, zB „Wenn Backzutaten gekauft werden, dann werden auch Milchprodukte gekauft", aber auch ebenenübergreifend, zB „Wenn Backzutaten gekauft werden, dann wird auch Milchpulver gekauft." Es gibt verschiedene Algorithmen, die sich speziell für den Einsatz mit Taxonomien eignen, wobei hier im

Detail zB auf [HeHi03] verwiesen wird.

Der Hauptvorteil des Einsatzes von Taxonomien liegt aber darin, dass die Anzahl der einzelnen Elemente bei Assoziationsanalysen oft sehr groß ist. Man denke an große Supermärkte oder Online-Shops, die mehrere zehntausend verschiedene Produkte anbieten und tausende Transaktionen täglich abwickeln. Selbst die effizientesten Algorithmen und leistungsfähigsten Rechner stoßen bei solchen Datenmengen schnell an ihre Grenzen. Durch den Einsatz einer Taxonomie kann die Assoziationsanalyse also auf einer höheren Aggregationsebene durchgeführt werden, wodurch die Anzahl der verschiedenen Produkte dramatisch schrumpft (zB bilden nun alle „Waschmittel" gemeinsam ein Produkt und nicht 30 verschiedene). Der dadurch erzielte Geschwindigkeitsvorteil wird allerdings durch den Nachteil genereller Aussagen erkauft. [HeHi03]

Besonders aussagekräftige Ergebnisse werden meist erzielt, wenn die Items in der Datenbasis möglichst gleich oft vorkommen. Dies kann man „künstlich" dadurch erreichen, dass selten gekaufte Produkte „sehr weit hinauf" in der Taxonomie aggregiert werden, werden häufig gekaufte Produkte kaum bis gar nicht aggregiert werden. [HeHi03]

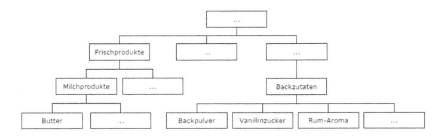

Abbildung 3: Beispiel für eine Taxonomie, entnommen aus [HeHi03], S. 471

3.5 Sequenzanalyse

Bisher sind wir davon ausgegangen, dass alle Transaktionen mehr oder weniger zum selben Zeitpunkt stattgefunden haben, bzw. haben wir die Dimension der Zeit gar nicht berücksichtigt. Man kann die Assoziationsanalyse aber nun um genau diesen Aspekt erweitern und zu jeder Transaktion zusätzlich deren Zeitpunkt betrachten.

„Im Gegensatz zur klassischen Assoziationsanalyse, welche sich auf Transaktionen eines einzelnen Zeitpunkts beschränkt, ist die Sequenzanalyse daher keine Zeitpunktanalyse, sondern eine Zeitraumanalyse. Dabei untersucht die Sequenzanalyse zeitliche Abfolgen von Transaktionen, sogenannte **Sequenzen**, die ein spezifisches Muster bilden." [BaVo08], S. 270

Ein Beispiel lässt sich hier aus einer Videothek bilden: Ein Kunde, der sich zB den ersten Teil einer Trilogie ausgeliehen hat, wird sich mit gewisser Wahrscheinlichkeit einige Zeit später auch den zweiten Teil und danach den dritten Teil der Trilogie ausborgen. Ob dazwischen auch andere Filme ausgeliehen werden, ist dabei nicht von Bedeutung. Auch kann man sich das Prinzip der Sequenzanalyse genauso wie mit Einzeltiteln auch mit jeweils einer Menge von Artikeln vorstellen. [BaVo08]

Man kann nun zu Analysezwecken alle Ausleihungen eines Kunden chronologisch ordnen und damit die „Sequenz" dieses Kunden aufstellen. Durch Vergleich der Sequenzen aller Kunden lassen sich - wie bei der klassischen Assoziationsanalyse - wieder Muster finden, zB welche Filme oft hintereinander ausgeliehen werden, so wie in unserem anderen Beispiel Artikel im Supermarkt gemeinsam gekauft wurden. Es gibt also wieder Kunden, die eine gewisse Sequenz unterstützen, und solche, die eine Sequenz nicht unterstützen. Für jede mögliche Sequenz lässt sich also wieder ein Support errechnen, indem man schaut, bei wievielen Kunden die gesuchte Sequenz auftritt und diesen Wert ins Verhältnis zur gesamten Kundenzahl setzt. Durch das Festlegen eines Mindest-Support lassen sich „häufige" und nicht-häufige Sequenzen trennen. Schließlich lassen sich wieder mithilfe von Algorithmen sogenannte „maximale Sequenzen" finden: Das sind jene Sequenzen, die in keiner anderen Sequenz mehr enthalten sind. [BaVo08]

Es gibt auch Modifikationen der Algorithmen, die ein bestimmtes Zeitfenster verlangen, in dem sich das gesuchte Muster befinden muss. Für Versicherungen ist es zB uninteressant, wenn ein Kunde zwar eine Sequenz einhält, aber zu viel Zeit zwischen den einzelnen Versicherungsabschlüssen vergeht. [HeHi03]

Als Einsatzgebiet der Sequenzanalyse lässt sich zB die „Logfile-Analyse" sehen, bei der Protokolldateien von Internetshops ausgewertet werden. Dazu ist es zunächst notwendig, die Aufrufe der verschiedenen Seiten eines Shops zu sogenannten „Sessions" zusammenzufassen, um sie einzelnen Kunden zuordnen zu können, beispielsweise anhand der IP-Adresse oder Cookie-Informationen. Die Reihenfolge der besuchten Seiten bleibt dabei erhalten. Anschließend kann man dann wiederum Sequenzen unter den Seitenaufrufen ablesen, d.h. erkennen, in welcher Reihenfolge verschiedene Kunden verschiedene Unterseiten des Shops aufgerufen haben. Man erkennt somit Aussagen über die Effizienz des Aufbaus des Web-Shops. Dies dient dazu, Seiten interessanter zu gestalten oder zB Verweise zwischen den Seiten neu zu setzen oder zu optimieren. Langfristig kann man damit den Besucherstrom optimieren und einen höheren Umsatz anpeilen. [HeHi03]

4 Anwendung

4.1 Anwendung allgemein

Einige Anwendungsbeispiele der Assoziationsanalyse finden sich in der Bank- und Versicherungswirtschaft, wo Zusammenhänge zwischen verschiedenen Verträgen oder Geldanlagen gefunden werden sollen, oder auch Wechselwirkungen zwischen Schadensereignissen entdeckt werden sollen. Ebenfalls denkbar ist die Assoziationsanalyse beim Aufspüren von Wechselwirkungen zwischen verschiedenen Medikamenten in der Medizin. Im Folgenden soll aber das Feld der sogenannten „Warenkorbanalyse" näher betrachtet werden. [BaVo08]

Zunächst sei aber noch das generelle Problem der Auswertung von Ergebnissen einer Assoziationsanalyse angesprochen. Oft entsteht nämlich aus den besprochenen Analysen eine sehr große Zahl an Assoziationsregeln, deren Interpretation und vor allem das Einschätzen ihres Aussagegehalts sich dann schwierig gestaltet.

> „Der wesentliche Nachteil der Assoziationsanalyse liegt darin begründet, dass meist sehr viele Regeln generiert werden und der Benutzer angesichts dieser Informationsfülle nicht in der Lage ist, die Ergebnisse adäquat auszuwerten." [HeHi03], S. 476

Um Abhilfe zu schaffen, bietet es sich zunächst an, die generierten Assoziationsregeln zB absteigend nach Support, Confidence oder Lift (siehe Kapitel 2) zu sortieren. Die ersten Regeln der sortierten Liste werden dann die bedeutendsten sein. Weiters bietet es sich oft an, nur Regeln mit einem bestimmten Produkt zu betrachten, wenn man Informationen dazu besonders sehen möchte, zB nur Regeln, die das Produkt „Milch" betreffen und zwar zB nur im Regelkopf. Grafische Darstellungen einer Menge von Assoziationsregeln konnten sich in der Praxis bisher offenbar noch nicht durchsetzen. [HeHi03]

4.2 Warenkorbanalyse

Die Warenkorbanalyse ist eines der am weitesten verbreiteten Einsatzfelder der Assoziationsanalyse, da in Supermärkten die gekauften Artikel üblicherweise anhand einer automatischen Kasse mit Barcode-Scanner lückenlos erfasst werden. Sämtliche Verkaufsdaten sind also in einer Datenbank verfügbar und eignen sich zum Einsatz von Assoziationsanalysen. Ziel kann dabei die Optimierung von Werbekampagnen oder eine verbesserte Produktpräsentation sein, aber auch ganz allgemein mehr über die Kaufgewohnheiten der Kunden zu erfahren.

Als „Cross-Selling" bezeichnet man dabei das gezielte gemeinsame Anbieten „verwandter Produkte", zB von Grill-Saucen zu passendem Fleisch. Dadurch sollen Kunden gezielt animiert werden, eben verwandte Produkte zu erwerben. In Kapitel 2.2 haben wir gesehen, dass in einem Beispiel eine Assoziationsregel (Bier, Chips) einen Confidence-Wert von 40% hatte. Dies könnte also eingesetzt werden, um Chips in der Nähe des Biers zu positionieren, um den gemeinsamen Verkauf weiter zu erhöhen. Auch würde es sich anbieten, ein entsprechendes Sonderangebot zu starten, das beim gleichzeitigen Kauf einen Sonderrabatt gewährt. [HeHi03]

Gleichzeitig können natürlich bestehende, intuitiv gruppierte Produkte überprüft werden: Erweist sich, dass zB oft nur Bier gekauft wird, obwohl die Chips direkt daneben postiert sind, dann bietet das Ergebnis der Assoziationsanalyse den Anlass, über diese Produktpräsentation nachzudenken bzw. ein bestehendes Sonderangebot zu überdenken.

4.2.1 Virtuelle Items

Weiter oben haben wir das Thema der „Taxonomien" angesprochen. Für eine umfassende Warenkorbanalyse lässt sich dieses Konzept noch deutlich ausweiten: So kann man eine Taxonomie auch um „virtuelle" Items erweitern, zB für die Zahlungsart (bar, Kreditkarte,...), für das Geschlecht des Kunden, seinen Wohnort oder Tag und

Uhrzeit des Einkaufs. Eine daraus generierte Assoziationsregel könnte dann zB lauten: $(Mann, Samstag) \rightarrow (Bier, Milch)$. Diese Informationen lassen sich dann für zielgerichtetere Marketingmaßnahmen verwenden, um bestimmte Produkte besser zu bewerben oder Kundengruppen direkter anzusprechen. Eine Idee ist dabei die sogenannte „Layoutplanung", bei der die räumliche Anordnung der Waren im Geschäft als virtuelles Item hinzugefügt wird, um zu erfahren, wie sich Kunden im Supermarkt bewegen. Durch eine Zeitkomponente hingegen lassen sich zB auch Schwankungen im Umsatz je nach Tageszeit, Wochentag oder Jahreszeit feststellen und durch Sonderaktionen darauf reagieren. Vom übermäßigen Einsatz virtueller Items wird aber abgeraten, da hierdurch das Datenvolumen künstlich aufgebläht wird, was wiederum praktische Schwierigkeiten bei der Durchführung der Analyse mit sich bringt (Rechnerkapazität usw). [HeHi03]

4.2.2 Dissociation Rules

Oft ist es auch interessant zu wissen, welche Artikel nicht gekauft werden, wenn bestimmte andere gekauft werden, also das Nicht-Auftreten eines Elements in Abhängigkeit vom Auftreten eines anderen Elements zu untersuchen. Dies lässt sich dadurch erreichen, dass man erstens die Datenbasis aller verfügbaren Elemente um fehlende Items erweitert, d.h. zu jedem Artikel i gibt es einen zugehörigen Artikel i', der das Nichtkaufen dieses Produkts symbolisiert. Jeder Transaktion eines Kunden werden dann alle Elemente i' angefügt, bei denen i nicht gekauft wurde. Eine „Dissociation Rule" ist dann eine Assoziationsregel, die eine Beziehung nach dem Muster „und nicht" definiert. [HeHi03]

Der Einsatz dieser Komplementäritems für nicht-gekaufte Produkte hat aber erneut den Nachteil, dass die Datenbasis deutlich aufgebläht wird. Er bietet sich also insbesondere dazu an, selten gekaufte Produkte zu substituieren: Wie bereits dargestellt, ist die Aussagekraft von Assoziationsregeln dann besonders gut, wenn alle Items in etwa gleich oft gekauft werden. Ersetzt man ein selten gekauftes Produkt i durch sein

Komplementärprodukt i', so kann man seinen Support damit künstlich anheben und einer Regel damit zu einer höheren Aussagekraft verhelfen. [HeHi03]

4.2.3 Transitive Regeln

Oft passiert es, dass nicht nur eine Assoziationsregel $X \rightarrow Y$ gefunden wird, sondern auch die spiegelbildliche Regel $Y \rightarrow X$, also zB gleichzeitig „Wenn Butter gekauft wird, wird auch Milch gekauft" und „Wenn Milch gekauft wird, wird auch Butter gekauft" gefunden werden. Solche Regelpaare werden als „transitive Regeln" bezeichnet und als $X \leftrightarrow Y$ angeschrieben. Üblicherweise wird dabei auf der linken Seite das Element mit dem höheren Einzelitem-Support geschrieben. Wie oben bereits dargestellt, sind Support und Lift solcher Regelpaare immer gleich, während der Confidence-Wert unterschiedlich ist. Abbildung 4 verdeutlicht dies anhand eines Beispiels. Ergebnis der transitiven Darstellungsform ist eine komprimiertere und übersichtlichere Darstellung der Ergebnisse einer Assoziationsanalyse, wie auch Abbildung 5 anhand eines Beispiels verdeutlicht.

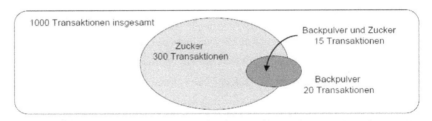

Regel	Support	Confidence	Lift
Backpulver → Zucker	15/1000=0,015	15/20=0,75	0,015/(0,3x0,02)=2,5
Zucker → Backpulver	15/1000=0,015	15/300=0,05	0,015/(0,3x0,02)=2,5

Abbildung 4: Beispiel für Berechnung von Support, Confidence und Lift bei transitiven Regeln, entnommen aus [HeHi03], S. 484

Liste generierter Assoziationsregeln

Regel		Support	Confidence	Lift
Backpulver	→ Zucker	0,015	0,75	2,5
Zucker	→ Backpulver	0,015	0,05	2,5
Milch	→ Cerialien	0,231	0,20	1,6
Cerialien	→ Milch	0,231	0,80	1,6
Kaviar	→ Lachs	0,090	0,95	3,0
Lachs	→ Kaviar	0,090	0,07	3,0
Bier	→ Chips	0,113	0,80	1,5
Chips	→ Bier	0,113	0,85	1,5
Milchreis	→ Milch	0,011	0,89	3,0

Liste der transitiven Regeln

Regel		Conf_l	Conf_r	Support	Lift
Zucker	↔ Backpulver	0,05	0,75	0,015	2,5
Milch	↔ Cerialien	0,20	0,80	0,231	1,6
Lachs	↔ Kaviar	0,07	0,95	0,090	3,0
Bier	↔ Chips	0,80	0,85	0,113	1,5
Milch	← Milchreis		0,89	0,011	3,0

Abbildung 5: Beispiel für die Zusammenfassung transitiver Regelpaare, entnommen aus [HeHi03], S. 485

5 Verfügbare Software

Im Folgenden sollen nun kurz einige Programme vorgestellt werden, die Implentierungen verschiedener Algorithmen zur Generierung von Assoziationsregeln darstellen.

5.1 Überblick

Einige Softwarepakete sind:

- **arules**: R package von Michael Hahsler, Institut für Informationswirtschaft, WU Wien

- Implementierungen der Algorithmen Apriori und Eclat von Christian **Borgelt**, European Center for Soft Computing, Mieres, Spanien

- **LISp-Miner / Ferda**: Projekt für research und teaching der University of Economics, Prague

- **Magnum Opus**: kommerzielle Software

- **Weka**: Data Mining Software in Java der University of Waikato, Neuseeland

5.2 arules im Detail

Bei *arules* handelt es sich um ein Paket für die Statistik-Software *R*. Ein kostenloser Download sowohl von R selbst als auch von arules ist unter http://cran.r-project.org möglich. Beispieldaten zur Analyse und zum „Ausprobieren" der Assoziationsanalyse werden mit arules mitgeliefert. Die Dokumentation des Pakets (siehe [Hahs09]) zeigt anhand einiger Beispiele die Möglichkeiten der Assoziationsanalyse mit R und arules auf.

Meist sind zunächst Schritte der Datenvorverarbeitung nötig, d.h. Bereinigung der Daten um Fehler, Leerwerte usw. Anschließend kann mithilfe der Funktion apriori die eigentliche Suche nach Assoziationsregeln durchgeführt werden. Daneben steht auch der Algorithmus Eclat zur Verfügung. In einem der mitgelieferten Beispiele werden in einem Set von 48.842 Transaktionen mithilfe des Apriori-Algorithmus ganze 80.215 Assoziationsregeln gefunden. Dies verdeutlich die oben dargestellte Problematik der Auswahl interessanter und hilfreicher Regeln aus der großen Menge an gefundenen. Zu diesem Zweck besteht anschließend die Möglichkeit, aus den gefundenen Regeln nur jene anzuzeigen, die zB einen bestimmen Lift aufweisen oder ein bestimmtes Element auf der linken oder rechten Seite der Regel stehen haben. Schließlich lassen sich die gefundenen Regeln oder eine Auswahl davon in verschiedenen Dateiformaten exportieren.

5.3 Weka im Detail

Bei *Weka* handelt es sich um eine eigenständige Software, also nicht um ein Paket für R oder ein anderes Statistikprogramm. Weka bietet eine grafische Oberfläche mit zahlreichen Visualisierungsmöglichkeiten und Optionen zur Inspektion und Analyse der Daten. Dennoch ist die Arbeitsweise aufgrund der vielen Funktionen alles andere als intuitiv, und ein umfangreiches Hintergrundwissen über die Analysen notwendig.

Die Funktionen von Weka gehen weit über Assoziationsanalysen hinaus. Für diese steht der oben beschriebene Apriori-Algorithmus zur Verfügung. Wie auch bei arules ist auch bei Weka oft eine umfangreiche Datenvorverarbeitung zur Bereinigung der Daten nötig.

Abbildung 6: Weka (Screenshot), entnommen aus [EibeoJ], S. 115

6 Fazit und Zusammenfassung

Die Assoziationsanalyse stellt innerhalb des *Data Mining* eine relativ junge Disziplin dar, was sich auch daran zeigt, dass mit AIS der erste Algorithmus erst im Jahre 1993 vorgestellt wurde. In den seitdem vergangenen 16 Jahren wurden inzwischen zahlreiche weitere Algorithmen und andere Erweiterungen vorgestellt, und auch die praktischen Einsatzmöglichkeiten sind inzwischen vielfältig. Eine besondere Rolle spielt dabei die Analyse von Warenkörben, welche auch in dieser Arbeit in Form zahlreicher Beispiele in den verschiedenen Kapiteln breiten Raum eingenommen hat.

Festzuhalten ist jedenfalls, dass es sich bei der Assoziationsanalyse keinesfalls um ein intuitiv einzusetzendes Verfahren handelt, das mit einfacher Standardsoftware sofort auf Knopfdruck brauchbare Ergebnisse liefert. Vielmehr sind vor dem praktischen Einsatz ein umfassendes statistisches Verständnis der Methoden sowie Erfahrung im Umgang mit Statistik-Software unbedingt nötig. Ähnliche Schwierigkeiten bestehen auch, sobald die Ergebnisse der Analyse vorliegen: Die Interpretation und Selektion der für die Praxis wirklich verwendbaren Regeln aus der riesigen Menge an gefundenen, stellen schwierige Herausforderungen dar.

Um einerseits Probleme wie eine zu langsame Performance oder zu große Datenmengen in den Griff zu bekommen, sowie um gleichzeitig die Zahl der gefundenen Assoziationsregeln zu reduzieren, schlägt [Toiv96] vor, aus der zu untersuchenden Datenmenge zunächst ein „sample", also eine Stichprobe zu ziehen, und nur diese anschließend zu analysieren. Selbstverständlich muss die Stichprobe zunächst validiert werden, also überprüft werden, ob sie in ihren Strukturen der Grundgesamtheit entspricht. Außerdem wird für die Elemente und Regeln in der Stichprobe ein niedrigerer Mindest-Support gefordert, um zu verhindern, dass „zu viele" Regeln verloren gehen. Dennoch ist dieser Ansatz natürlich probalistisch (d.h. abhängig davon, welches sample nun gerade ausgewählt wurde) und daher werden wohl nicht alle vorhandenen Regeln gefunden werden. [KoKa06]

Die Assoziationsanalyse wird sicherlich auch in der Zukunft für Marketing und Absatzplanung eine wesentliche Rolle spielen. Sowohl in traditionellen Supermärkten als auch in Online-Shops werden laufend neue Möglichkeiten ausprobiert, um beispielsweise durch Sonderangebote oder Kombination von Produkten zusätzlichen Umsatz zu generieren. Sowohl im Bereich der Effizienz der Algorithmen als auch bei Bedienung und Komfort der verfügbaren Software sind Fortschritte in den nächsten Jahren zu erwarten.

7 Literatur

Folgende Literatur wurde verwendet:

- [Agra93] AGRAWAL Rakesh, IMIELINSKI Tomasz, SWAMI Arun: Mining association rules between sets of items in large databases. In: Proc. of the ACM SIGMOD conference on Management of Data, Washington D.C., 1993

- [AgSr94a] AGRAWAL Rakesh, SRIKANT Ramakrishnan: Fast algorithms for mining association rules. In: Proceedings of the 20th VLDB Conference, Santiago de Chile, 1994

- [AgrSr94b] AGRAWAL Rakesh, SRIKANT Ramakrishnan: Fast algorithms for mining association rules in large databases. In: Research Report RJ 9839, IBM Almaden Research Center, San Jose, California, 1994

- [Agra96] AGRAWAL Rakesh, MANNILA H., TOIVONEN H., VERKAMO, A. I.: Fast Discovery of Assocation Rules. In: FAYYAD, U.M., PIATETSKY-SHAPIRO, G., SMYTH, P., UTHURUSAMY, R. (Hrsg.): Advances in Knowledge Discovery and Data Mining. AAAI Press, Menlo Rark, USA, 1996

- [BaVo08] BANKHOFER Udo, VOGEL Jürgen: Datenanalyse und Statistik. Gabler, Wiesbaden, 2008

- [Boll96] BOLLINGER T.: Assoziationsregeln - Analyse eines Data Mining Verfahrens. In: Zeitschrift Informatik Spektrum, 19:257-261, 1996

- [DoLi97] DONG G., LI J.: Interestingness of Discovered Association Rules in terms of Neighboord-Based Unexpectedness. Technical Report 97/24, Department of Computer Sciences, University of Melbourne, Australia, 1997

- [Dun00] DUNHAM Margaret H., XIAO Qongqiao, GRUENWALD Le, HOSSAIN Zahid: A Survey of Association Rules. Department of Computer Science, University of Houston, Texas, USA, 2000

- [EibeoJ] EIBE, Frank: Machine Learning with WEKA. Power-Point-Präsentation. Department of Computer Science, University of Waikato, New Zealand. Download unter http://switch.dl.sourceforge.net/sourceforge/weka/weka.ppt, Abruf am 25.04.2009

- [Hahs09] HAHSLER Michael, GRÜN Bettina, HORNIK Kurt, BUCHTA Christian: Introduction to arules - A computational environment for mining association rules and frequent item sets. Download unter http://cran.r-project.org/web/packages/arules/vignettes/arules.pdf, Abruf am 25.04.2009

- [HeHi03] HETTICH Stefanie, HIPPNER Hajo: Assoziationsanalyse. Lehrstuhl für ABWL und Wirtschaftsinformatik, Ingolstadt School of Management, 2003

- [Hipp00] HIPP Jochen, GÜNTZER Ulrich, NAKHAEIZADEH Gholamreza: Algorithms for Association Rule Mining - A General Survey and Comparison. SIGKDD Explorations, 2:1-58, 2000

- [KoKa06] KOTSIANTIS Sotiris, KANELLOPOULOS Dimitris: Association Rules Mining: A Recent Overview. In: GESTS International Transactions on Computer Science and Engineering, 32:71-82, 2006

- [Toiv96] TOIVONEN, H.: Sampling large databases for association rules. In: The VLDB Journal, pp. 134-145, 1996

www.ingramcontent.com/pod-product-compliance
Lightning Source LLC
Chambersburg PA
CBHW031232050326
40689CB00009B/1583